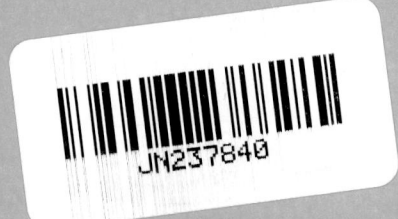

いま・すぐ・食べたい!

韓国ごはん

ビビンバから
スープ、デザートまで

重信初江

はじめに

韓国を旅していちばん驚くのが、
料理の味や素材のバリエーションが
なんて豊富なのだろうということ。
肉のうまみがギュギュッと詰まり、
体にじんわりとしみ込むスープ。
いろいろな素材を組み合わせることで、
おいしさが何倍にも広がる鍋料理。
毎食ごとに登場する
たくさんのナムルやキムチ。
しかも、それぞれの種類の多さといったら！
辛い料理や焼肉は
韓国料理のほ～んの一部でしかないのです。
そして、旅行して２日目くらいに
「あれっ、なんだか体調がいいみたい」

韓国料理は、そのおいしさもさることながら、
食べることが健康に直結しています。
ごま、唐辛子、にんにく、雑穀……。
体にいいといわれる食材を使った料理が
次から次へと出てくる、出てくる！
体調がよくなるのも当然なのかもしれません。
こんなに体によくて、おいしい韓国料理を
ブームだけで終わらせたくない、
もっともっと毎日の食事にとり入れてほしい、
そんな気持ちで、この本をつくりました。
だから、特別な食材はほとんど使っていません。
どこでも手に入る素材で
簡単なレシピにしてお届けします。
本場のものとはちょっと違う、
日本人の口に合うようなアレンジも加えて！
まずは、気になるものから作ってみてください。
きっとやみつきになりますよ。

いま・すぐ・食べたい！

韓国ごはん

CONTENTS

この本のお約束

●この本で使用している計量カップは200mℓ、計量スプーンは大さじ＝15mℓ、小さじ＝5mℓです。

●電子レンジは500Wのものを使用しています。400Wの場合は加熱時間を1.2倍に、600Wの場合は0.8倍にしてください。なお、機種によって時間が多少異なる場合があります。

●材料に「赤・青唐辛子（生）」とある場合は、韓国産の生唐辛子を使用しています。「鷹の爪」で代用する場合は分量を減らしてください。また、「あらびき唐辛子」とある場合は、P110を参照してください。

絶対覚えたい

韓国レシピ ベスト7

PART 1

ビビンバ、チゲ、チヂミ……。
韓国料理でまず思い浮かぶこれらのレシピは、
もともとはぜ〜んぶ、韓国の家庭料理。
だから、じつはとっても簡単なのです。
気軽に挑戦して、
あなたの定番メニューに加えてみませんか？

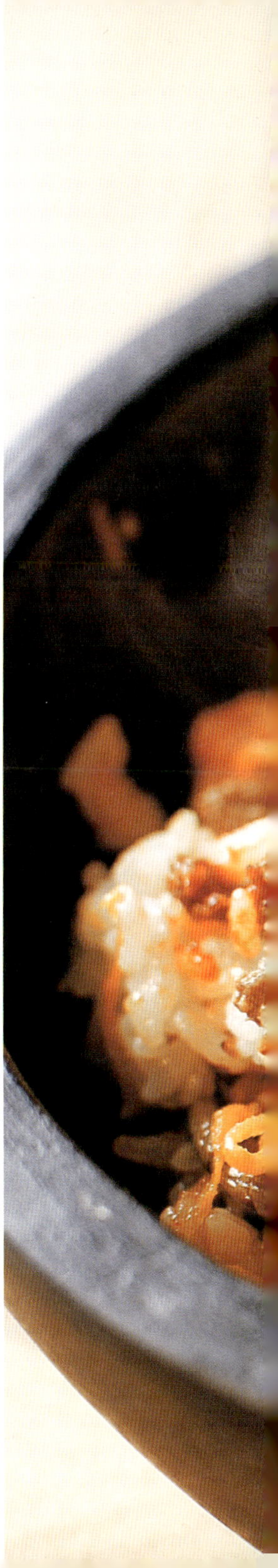

人気No.1

ビビンバ

ごはんにナムルをのせた、韓国の定番ごはん。
ビビンは韓国語で「混ぜる」の意味。
だから、よ～くよ～く混ぜて食べて!

材料（2人分）

牛ひき肉……100g
Ⓐしょうゆ、みりん……各大さじ½
ゆでぜんまい……50g
Ⓑ にんにくのすりおろし、塩……各小さじ⅙
　 酒……小さじ1
豆もやし・にんじん・ほうれん草のナムル（P42参照）……全量
ごはん……どんぶり2杯分
ごま油……大さじ1⅔
卵黄……2個分
松の実、コチュジャン……各適宜

1 フライパンにごま油大さじ½を熱してひき肉を入れ、ほぐしながら中火で2～3分炒める。そぼろ状になったらⒶで調味する。

2 ぜんまいは長ければ食べやすく切り、ごま油大さじ½を熱したフライパンで炒め、Ⓑで調味する。

3 どんぶりにごはんを盛り、ごま油小さじ1ずつを全体に回しかけ、①、②、豆もやし・にんじん・ほうれん草のナムルを彩りよくのせる。中央に卵黄をのせ、松の実を散らす。コチュジャンをのせ、よく混ぜて食べる。

人気No.2

キムチチゲ

鍋好きの韓国人に最も愛されているのがコレ。
豚肉を炒めてうまみを引き出し、
キムチは古漬けを使うと、よりおいしくなります。

材料（2人分）

白菜キムチ（あれば古漬け）……100g
豚バラ肉……150g
木綿豆腐……大½丁（200g）
長ねぎ……½本
しょうがのみじん切り……½かけ分
にんにくのみじん切り……1かけ分
ごま油……大さじ½
だし（あれば煮干しだし）……3カップ
コチュジャン……大さじ1½
しょうゆ……大さじ½
赤・青唐辛子（生）……各適宜

1 豚肉、キムチは5～6㎝長さに切る。長ねぎは斜め1㎝幅に切る。豆腐は縦半分に切ってから1㎝幅に切る。

2 鍋にごま油を熱し、豚肉を軽く炒め、ペーパータオルで余分な油分をふきとる。

3 長ねぎ、しょうが、にんにく、キムチを加えて軽く炒める。

4 だしを加え、煮立ったらアクをとり、コチュジャン、しょうゆを溶き入れる。豆腐を加えて5分ほど煮て、赤・青唐辛子の斜め薄切りを飾る。

人気 No.3

焼　肉

焼肉といっしょに野菜もたっぷり食べるのが韓国流。
野菜にのせて巻いて、パクッ!
豚バラ肉を焼いたサムギョプサルもやみつきになります。

材料（2人分）

牛カルビ肉……200g

Ⓐ
- しょうゆ、みりん……各大さじ1/2
- にんにくのすりおろし……小さじ1/4
- しょうがのすりおろし……小さじ1/4
- 白すりごま、ごま油……各小さじ1
- 塩……少々
- りんごのすりおろし（あれば）……大さじ1

豚バラ肉（かたまり）……150g

Ⓑ
- 塩……小さじ1/3
- こしょう……少々

ブラウンマッシュルーム……6個

Ⓒ
- 長ねぎ……1/3本
- 塩……小さじ1/4
- 粉唐辛子……小さじ1/2
- ごま油……小さじ1

サンチュ、サニーレタス、青じそ、ゆでたキャベツ、
青唐辛子（生）、薄切りにんにく、キムチ……各適宜

1. カルビはⒶをもみ込み、15分ほどおく。豚バラ肉は5㎜厚さに切り、Ⓑをもみ込む。
2. マッシュルームは軸をとる。Ⓒの長ねぎは斜め薄切りにして水にさらし、水けをきって残りのⒸの材料と混ぜ合わせる。
3. フッ素樹脂加工のフライパンかホットプレートを熱して①を並べ、マッシュルームは裏返してのせる。焼けたものから葉野菜にのせ、にんにくやキムチ、Ⓒをいっしょに巻いて食べる。

Point
カルビはたれをもみ込んでしばらくおくと、味がなじみ、やわらかくなる!

たっぷりの野菜に肉をのせ、くるんで食べるとおいしい!

よ～く焼く? レア? 好みの焼き加減で!

マッシュルームはかさに汁がたまってきたら焼き上がり。体にいいといわれる汁をすすってから食べる。

きなこ(手前)、ごま油＋塩＋こしょう(中央)、コチュジャン(奥)など、好みのたれをつけても。

豚バラ肉はカリカリになったら食べ頃。にんにくやたれといっしょに葉野菜で巻いて、どうぞ! これが、韓国で牛肉より人気がある(!?)サムギョプサル。

人気No.4

プルコギ

材料（2人分）

牛こま切れ肉……250g

Ⓐ
- しょうゆ……大さじ2
- にんにくのすりおろし……小さじ1/3
- しょうがのすりおろし……小さじ1/2
- 梨のすりおろし……1/8個分
- みりん、白すりごま、ごま油……各大さじ1

キャベツ……200g

玉ねぎ……1/2個

赤ピーマン……1/2個

① 牛肉はⒶをもみ込んで下味をつける。

② キャベツは太めのせん切り、玉ねぎは1cm幅のくし形切り、赤ピーマンはへたと種をとって細切りにする。

③ ①に②を加えて混ぜ合わせる。

④ フッ素樹脂加工のフライパンかホットプレートを熱して③をのせ、ときどき混ぜながら中火で7〜8分炒める。

たとえるなら、韓国版すき焼き。
たれをもみ込んだ肉や野菜をいっしょに炒めて食べます。
甘辛だれがからんだ肉は、ごはんやお酒が進みます！

人気No.5

あさりと万能ねぎのチヂミ

日本でもおなじみの韓国のお好み焼き。
まずは、定番のあさり&万能ねぎコンビで。
白玉粉を加えるとモッチモチ！

材料（1枚分）

あさり（むき身）……120g
万能ねぎ……50g
Ⓐ 小麦粉……大さじ4
　 塩……小さじ1/4
Ⓑ 白玉粉……大さじ3
　 水……1/2カップ
ごま油……大さじ1
薬味ソース（P27参照）……適量

① 万能ねぎは長さを4等分する。あさりはざるに入れ、塩少々（分量外）を加えた冷水につけて振り洗いし、ざるに上げて水けをきる。

② ボウルにⒶを混ぜ、別のボウルで混ぜたⒷを少しずつ加えてよく混ぜ合わせる。

③ フライパンにごま油を熱し、万能ねぎ、あさりを並べ入れ、②を回しかける。弱めの中火で2〜3分焼き、上下を返して3分ほど焼く。食べやすく切って器に盛り、薬味ソースを添える。

人気No.6

サムゲタン

夏バテ予防や、冬は滋養食として食べられるサムゲタン。本来、ひな鶏1羽を使いますが、ここではもも肉で簡単に。体にじ～んとしみ入るおいしさです。

材料（2人分）

- 鶏骨つきもも肉……2本
- 高麗にんじん……1本
- もち米……¼カップ
- にんにく……1かけ
- 栗……4個
- クコの実……小さじ1
- 松の実……小さじ1
- 長ねぎの小口切り……適宜
- 塩、あらびき黒こしょう……各適宜

① もち米は洗い、15分ほど水につけてざるに上げる。

② にんにくは半分に切る。栗は皮をむく。

③ 鍋に鶏肉、高麗にんじん、もち米、にんにく、栗、クコの実を入れる。水4カップを注いで中火にかけ、煮立ったら塩小さじ¼を加えて弱火にする。

④ 底が焦げやすいので、ときどき混ぜながら、鶏肉がやわらかくなるまで弱火で20～30分煮る。器に盛って松の実を散らし、長ねぎ、塩、こしょうを好みで加えて食べる。

不老長寿の薬といえば!? 高麗にんじん

サムゲタンの“サム”は高麗にんじんのこと。疲労回復、冷え性などに効果的といわれている。手に入らなければ、ごぼうで代用しても。

人気No.7

チャプチェ

数種のナムルと春雨をあえる、韓国の野菜料理。
一度に炒め、韓国春雨のかわりにマロニーを使って、
すぐ作れる味にアレンジしました。

材料（2人分）

マロニー……50g
きくらげ（乾燥）……大さじ1/2
玉ねぎ……1/8個
にんじん……1/4本
しいたけ……2個
にら……20g
牛薄切り肉……100g
Ⓐ しょうゆ……小さじ1/2
　 酒……小さじ1
　 にんにくのすりおろし……小さじ1/3
ごま油……大さじ1/2
Ⓑしょうゆ、みりん……各大さじ1
白いりごま……少々

① マロニーは熱湯で3分ほどゆで、ざるに上げる。きくらげは水につけてもどし、小さくちぎる。玉ねぎ、にんじんは細切りにする。しいたけは軸を除いて薄切りにする。にらは3cm長さに切る。

② 牛肉は細切りにし、Ⓐをもみ込んで下味をつける。

③ フライパンにごま油を熱し、玉ねぎ、にんじんを中火で炒め、しんなりしたら牛肉を加え、肉の色が変わるまでほぐしながら炒める。

④ しいたけ、きくらげを加えて炒め合わせ、マロニーを加えて炒める。Ⓑで調味し、最後ににらを加えてひと混ぜする。器に盛り、白いりごまを振る。

材料note

マロニー

じゃがいもやとうもろこしのでんぷんを原料にしたもの。煮くずれないので、鍋物に重宝。中国の細い緑豆春雨より韓国春雨に近い、シコシコした歯ごたえが楽しめる。

じんわり効いてくる

体によいスープ

PART 2

スープは韓国料理に欠かせないものだとか。
そのせいか、韓国のスープの種類は半端じゃない!
肉をじっくり煮込んでうまみを引き出し、塩などで
シンプルに味つけしたもの、激辛味、みそ味、などなど。
どれも、それだけでごちそうになるものばかり。
韓国の人たちの元気の秘密はこのへんにもありそう。

牛すね肉のスープ

牛すね肉をゆっくりコトコト煮込んだ
コラーゲンもうまみもたっぷりのスープ。
スープの味を生かすシンプルな味つけで!

材料(作りやすい分量)

牛すね肉(かたまり)……600g
大根……8cm
にんじん……8cm
Ⓐ［塩……小さじ½
　 あらびき黒こしょう……少々］

1 鍋に牛肉、水7カップを入れて強火にかけ、煮立ったらアクをとり、弱火にしてこまめにアクをとりながら1～1.5時間煮る。途中、水が少なくなったら、足しながら煮る。

2 肉がやわらかくなったら、いったんとり出し、半量を食べやすい大きさに切る。残りの肉は薬味ソースがけ(P27参照)用、スープ2カップは冷麺(P26参照)用にとっておく。

3 大根、にんじんはそれぞれ長さを半分に切ってから縦に4～6等分し、②の鍋に加えて15分ほど煮る。

4 ③に牛肉を戻し入れ、Ⓐで調味する。

牛すね肉のスープで2品

牛すね肉のスープの
スープ&肉を使って

冷　麺

シコシコした麺とさっぱりしたスープが人気の
韓国の代表的な麺。
牛すね肉のスープを使って、ぜいたくな味に。

材料(2人分)

冷麺用の麺……2玉
きゅうり……1/2本
りんごの薄切り……1枚
ゆでた牛すね肉(P24参照)の薄切り……2枚
ゆで卵……1個
白菜キムチ……適宜
Ⓐ 牛すね肉のスープ(P24参照)……2カップ
Ⓐ 塩……小さじ1/2

1. 鍋にⒶを入れて中火にかけ、煮立ったら火から下ろし、そのまま冷ます。
2. きゅうりは縦半分に切ってから斜め薄切りにする。りんごは細切り、ゆで卵は半分に切る。
3. 麺は袋の表示どおりにゆで、冷水にとって引き締め、水けをきる。
4. 器に麺を盛り、①を注ぐ。きゅうり、りんご、牛すね肉、ゆで卵、キムチを飾り、好みで練り辛子、酢を添える。

牛すね肉のスープの肉を使って

ゆで肉の薬味ソースがけ

やわらかくなるまで煮た牛すね肉に
薬味たっぷりのソースをかけるだけ。
かむごとに肉のうまみが味わえます。

材料（2人分）

ゆでた牛すね肉（P24参照）……半量
薬味ソース……大さじ2〜3

① ゆでた牛すね肉を薄く切る。

② 器に盛り、薬味ソースをかける。

万能薬味ソース

チヂミ（P16）、ギョーザ（P82参照）、やっこ（P83参照）、豆もやしの炊き込みごはん（P91参照）などなど。この薬味ソースひとたらしで、韓国風の味つけが完成！ 多めに作っておくと、なにかと便利。冷蔵庫で2週間保存可。

材料

しょうゆ……½カップ
砂糖……大さじ½
酢……大さじ1
粉唐辛子……小さじ1
にんにくのすりおろし……小さじ½
白いりごま……大さじ1
長ねぎのみじん切り……⅛本分
ごま油……大さじ1
赤・青唐辛子（生）のみじん切り……各小さじ1
※赤唐辛子（生）がない場合は、粉唐辛子の分量を少しふやす。

作り方

材料をすべて混ぜ合わせる。

材料(2人分)

牛肉(焼肉用)……150g
ゆでぜんまい……50g
小松菜……80g
豆もやし……100g
しいたけ…… 2個
ごま油……大さじ1
にんにくのみじん切り…… 1かけ分
しょうがのみじん切り…… 1かけ分

Ⓐ
- 水…… 3カップ
- ビーフスープの素(粉末)……小さじ2

Ⓑ
- コチュジャン……大さじ2
- 粉唐辛子……小さじ1
- しょうゆ、みりん……各大さじ1

① ぜんまいは食べやすい長さ、小松菜は4cm長さに切る。豆もやしはひげ根をとる。しいたけは軸を除いて薄切りにする。

② 牛肉は細切りにする。

③ 鍋にごま油を熱し、にんにく、しょうが、①、②を中火でさっと炒め、Ⓐを注ぐ。煮立ったらアクをとり、Ⓑで調味して1～2分煮る。

ユッケジャンスープ

見た目を裏切らない、
じんじんと辛い牛肉入りスープ。
もともとは夏バテ防止のための
料理だったそう。

しじみのスープ

韓国のしじみスープは
みそ味ではなく塩味。
しじみを煮て、
エキスをじっくり抽出します。
ていねいにアクをとるひと手間で
おいしさアップ！

材料（2人分）

しじみ……200ｇ
にんにく……小1かけ
にら……15ｇ
塩……小さじ⅔

① しじみは水に1時間ほどつけて砂出しをし、殻をこすり合わせて洗う。にんにくは薄切り、にらは2㎝長さに切る。

② 鍋に水3カップ、しじみ、にんにくを入れて中火にかける。

③ 煮立ったらアクをとり、塩で調味し、にらを加えてさっと煮て火を止める。

韓国風豚汁

テンジャンチゲというみそ味の鍋をアレンジ。
コチュジャンを加えたほんのり甘辛味があとを引きます。
だしに使った煮干しも、残さずどうぞ!

① 白菜はざく切りにする。まいたけは手で裂く。わけぎは1cm幅に切る。

② 豚肉はⒶをもみ込んで下味をつける。

③ 煮干しは頭とワタを除き、水3カップとともに鍋に入れて中火にかけ、煮立ったら弱火で2〜3分煮る。

④ 豚肉、白菜、まいたけを加えて4〜5分煮て、みそを溶き入れる(だし少々でみそを溶き、戻し入れる)。わけぎを加えてさっと煮る。

材料(2人分)

豚こま切れ肉……100g

Ⓐ
- ごま油……小さじ1
- コチュジャン……大さじ1

白菜……大1枚

まいたけ……$\frac{1}{2}$パック

わけぎ……1本

煮干し……20g

みそ……大さじ2

わかめときゅうりのひんやりスープ

飲み口爽快、あと味すっきり!
油っぽい料理と組み合わせるのがおすすめ。
酢の量は好みで加減します。

材料（2人分）

わかめ（乾燥）……大さじ2
きゅうり……½本
塩……少々
Ⓐ 塩……小さじ½
Ⓐ 鶏ガラスープの素……小さじ1
酢……大さじ½
白いりごま……少々

1 きゅうりは縦半分に切ってから斜め薄切りにし、塩を振ってもむ。

2 鍋に水2カップとⒶを入れて中火にかけ、煮立ったらわかめを加え、わかめが開いたら火を止め、そのまま冷ます。あら熱がとれたら、冷蔵庫に入れて冷やす。

3 きゅうりの水けを絞り、酢とともに②に加え、混ぜ合わせる。器に盛り、白いりごまを振る。

Point

きゅうりは塩でもんでしんなりさせ、余分な水けを出す。こうすれば、スープが水っぽくならない。

わかめと桜えびのあったかスープ

わかめはカルシウムやヨードが
たっぷりなことから、
産後によく飲まれるスープ。
桜えびのだしを効かせてみました。

材料（2人分）

わかめ（乾燥）……大さじ2
桜えび……5 g
塩……小さじ½
にんにくのすりおろし……小1かけ分

Point

水に桜えびを入れて火にかけ、桜えびのエキスを十分に引き出してから、わかめを加える。乾燥わかめなら手軽。

① 鍋に水3カップ、桜えびを入れて中火にかける。

② 煮立ったら、わかめ、塩、にんにくを加えてひと煮する。

干しだらのスープ

すけそうだらを天日干しにした干しだらを使った、
韓国ではとてもポピュラーなスープ。
炒めてうまみを引き出してから煮るのがお約束！

材料（2人分）

干しだら……20ｇ
にんにく……½かけ
万能ねぎ……1〜2本
ごま油……大さじ½
塩……小さじ⅔
卵……1個

1 にんにくは包丁の刃元でつぶす。万能ねぎは小口切りにする。

2 鍋にごま油を熱し、干しだらを大きくちぎって加える。中火で1〜2分炒め、水3カップを注ぐ。

3 にんにくを加え、味をみて塩で調味し、1〜2分煮る。溶きほぐした卵を回し入れ、万能ねぎを振って火を止める。好みで粉唐辛子を振る。

ごはんを加えてクッパにしても。やさしい味わいは、食欲がないときにぴったり。

豆もやしのスープ

豆もやしから出るうまみ、歯ごたえを楽しみます。
水から煮るのがポイント。

Point

豆もやしはひげ根をとると、口あたりがよくなり、水っぽくならない。ていねいにとってから調理する。

① 豆もやしはひげ根をとる。長ねぎは小口切りにする。

② 鍋に豆もやし、水3カップを入れて中火にかけ、煮立ったら長ねぎ、にんにくを加え、塩、酒で調味する。

③ 赤・青唐辛子を加えて火を止める。

材料（2人分）

豆もやし……½袋
長ねぎ……¼本
にんにくのすりおろし……小さじ⅓
塩……小さじ⅔
酒……大さじ2
赤・青唐辛子（生）の小口切り
（あれば）……各少々

トック入りスープ

韓国のもち、トックが主役の
ふんわりやさしい味のスープ。
仕上げに加えた韓国のりの塩けがいい感じ。

材料（2人分）

トック……60g
にんにくのすりおろし……小さじ¼
卵……1個
ビーフスープの素（粉末）……小さじ2
Ⓐ しょうゆ……小さじ1
　 塩……小さじ⅓
わけぎの小口切り……1本分
韓国のり……大¼枚
白すりごま……小さじ1

1 トックは水に通し、ざるに上げる。

2 鍋に水3カップ、ビーフスープの素を入れて中火にかけ、煮立ったらトック、にんにくを加え、トックがやわらかくなるまで2〜3分煮て、Ⓐで調味する。

3 溶きほぐした卵を回し入れて火を止める。器に盛り、わけぎ、ちぎった韓国のり、白すりごまを散らす。

Point
トックは火が通りやすいので、スープが煮立ったところに加える。

シンプルがおいしい

野菜のおかず

PART 3

韓国はなんと、世界でいちばん野菜を食べる国(との一説も)。
だから、野菜をおいしく食べるレシピはとってもたくさん!
ナムルとひと口に言っても、ゆでたもの、焼いたもの、
蒸したもの、生のままのもの……。
使う野菜の種類も調理法も、ほんとうに多彩!
キムチだって野菜料理。
いろいろな食べ方を参考にしてみましょう。

三色ナムル

ナムルとは、あえ物のこと。
韓国には野菜の数ほどナムルの種類があるそう。
まずは、最もおなじみの3種をご紹介。

材料（2人分）
豆もやし……½袋
Ⓐ 酒……大さじ1
　 鶏ガラスープの素……小さじ¼
にんじん……½本
ほうれん草……½束
しょうゆ……少々
ごま油……小さじ2
Ⓑ 塩……各小さじ¼
　 にんにくのすりおろし……各小さじ⅙
　 白すりごま……各大さじ1
※豆もやしのナムル、にんじんのナムル、ほうれん草のナムルはそれぞれⒷで調味する。

① 豆もやしのナムルを作る。豆もやしはひげ根をとり、ごま油小さじ1を熱したフライパンで炒める。Ⓐを振ってしんなりするまで中火で2〜3分炒め、Ⓑを加えて炒め合わせる。

② にんじんのナムルを作る。にんじんはスライサーでせん切りにし、ごま油小さじ1を熱したフライパンで炒め、しんなりしたらⒷを加えて炒め合わせる。

③ ほうれん草のナムルを作る。ほうれん草は塩少々（分量外）を加えた熱湯で茎から先に入れてさっとゆで、冷水にとってかたく絞る。5㎝長さに切り、しょうゆを振って絞り、食べる直前にⒷで調味する。

④ 器に①、②、③を盛る。

ナムルの味の基本

ごま油、にんにくのすりおろし、塩。この3つがナムルの味の基本。これに、素材に合わせて、ごま、砂糖、しょうゆなどを組み合わせる。スタミナ増強、ストレス解消に役立つにんにく、昔から老化防止や滋養強壮に効果があるといわれてきたごま。韓国料理が体にいいわけがここにも！

コチュジャンピクルス

コチュジャンを加えた液で漬け込んだ
オリジナルピクルス。
ほんのり辛い、さっぱり味!

Point
ピクルス液は、いったん煮立てて砂糖をよく溶かし、あら熱をとってから注ぎ入れ、そのままおいて味をなじませる。

材料(2人分)

ペコロス(小玉ねぎ)……4個
にんにく……½かけ
セロリ……½本
パプリカ(赤・黄)……各½個
Ⓐ
- 酢、水……各½カップ
- 砂糖……小さじ2
- コチュジャン……大さじ1
- 塩……小さじ½

① ペコロスはぬるま湯につけながら皮をむき、縦半分に切る。にんにくは薄切りにする。セロリは筋をとり、1.5cm幅に切る。パプリカはへたと種をとり、乱切りにする。すべての野菜を保存容器に入れる。

② 小鍋にⒶを入れて中火にかけ、煮立ったら火から下ろし、あら熱をとって①に注ぐ。1時間ほどおいたらOK!
※冷蔵庫で10日ほど保存できる。

干しきのこのナムル

半干しにして、おいしさを
ギュギュッと凝縮させた、きのこのナムル。
かめばかむほど味が出ます。

Point
きのこは表面が少し乾くまで干す。

材料（2人分）
えのきだけ……小1袋
まいたけ……小1パック
しめじ……小1パック
しいたけ……3個
ごま油……大さじ½
Ⓐ［にんにくのすりおろし、塩……各小さじ⅓
　白すりごま……大さじ2

1. えのきは石づきを除いて長さを半分に切り、食べやすくほぐす。ほかのきのこも石づきや軸を除いて手で裂く。
2. ①をざるに広げて2～3時間から半日、日に当てて干す。
3. フライパンにごま油を熱し、②を中火で2～3分炒め、Ⓐで調味する。

春野菜のナムル

韓国風サラダといった感じ

材料（2人分）

キャベツ……200g
グリーンアスパラガス……2本
スナップえんどう……50g
ゆでたけのこ（水煮）……50g
Ⓐ
- にんにくのすりおろし、塩……各小さじ$\frac{1}{3}$
- ごま油……小さじ1
- 白すりごま……大さじ1
- 和風だしの素（粉末）……小さじ$\frac{1}{4}$

1. キャベツは芯を除き、ひと口大の角切りにする。アスパラガスはかたい部分を除き、3cm幅の斜め切りにする。スナップえんどうは筋をとる。たけのこは薄切りにする。
2. 鍋に塩少々（分量外）を加えた湯をたっぷり沸かし、スナップえんどうを入れ、1分たったら、キャベツ、アスパラガス、たけのこを加えてゆでる。アスパラガスの色が鮮やかになったら、すべての野菜をざるに上げる。
3. ②が熱いうちにⒶであえる。

秋野菜のナムル

こんがり焼いた野菜が香ばしい！

材料（2人分）

なす……1本
れんこん……小1節
にんじん……$\frac{1}{3}$本
エリンギ……大1本
Ⓐ
- にんにくのすりおろし……小さじ$\frac{1}{3}$
- しょうゆ……小さじ$\frac{1}{2}$
- 塩……少々
- ごま油……大さじ$\frac{1}{2}$

切りごま……小さじ1

1. なすは斜め薄切りにし、水に5分ほどさらす。れんこんは薄切りにし、酢水（分量外）に5分ほどさらす。にんじんは斜め薄切りにし、エリンギは縦に薄切りにする。
2. グリルまたは焼き網を熱し、水けをふいた①を並べ、両面をこんがりと焼く。
3. ②が熱いうちにⒶであえる。器に盛り、切りごまを振る。

ズッキーニのナムル

あとからくる辛さがたまらない！

材料（2人分）

ズッキーニ……1本

ごま油……小さじ1

Ⓐ
- あらびき唐辛子……小さじ$\frac{1}{2}$
- 塩……小さじ$\frac{1}{3}$
- にんにくのすりおろし……小さじ$\frac{1}{6}$
- 黒すりごま……大さじ1

1. ズッキーニは5㎜幅の半月切りにし、さっと水にさらす。
2. フライパンにごま油を熱し、水けをきったズッキーニを手早く炒め、少ししんなりしたらⒶで調味する。

切り干し大根のナムル

シコシコの歯ごたえが美味！

材料（2人分）

切り干し大根……50g

ごま油……小さじ1

Ⓐ
- にんにくのすりおろし……小さじ$\frac{1}{6}$
- 塩……小さじ$\frac{1}{3}$
- 鶏ガラスープの素……小さじ$\frac{1}{4}$

黒すりごま……大さじ2

1. 切り干し大根はさっと洗い、かぶるくらいの水に20分ほどつけてもどす。
2. ①の水けを軽く絞り、ごま油を熱したフライパンで中火で1〜2分炒める。Ⓐで調味し、黒すりごまを加えて混ぜる。

焼肉屋さんのナムル

その名のとおり、焼肉にぴったり!

材料(2人分)

サラダ菜……1/2株

サニーレタス……2枚

わかめ(乾燥)……大さじ1

Ⓐ
- にんにくのすりおろし……小さじ1/4
- ごま油、酢、しょうゆ、白いりごま……各小さじ1
- 砂糖……小さじ1/2

① サラダ菜、サニーレタスは食べやすい大きさにちぎる。わかめは水につけてもどし、ざるに上げて水けをきる。

② ボウルにⒶを入れてよく混ぜ、食べる直前に①を加えてあえる。

トマトのナムル

いつものトマトが新鮮な味に!

材料(2人分)

トマト……中1個

玉ねぎ……1/8個

Ⓐ
- にんにくのすりおろし……小さじ1/6
- 塩……小さじ1/3
- ごま油、白すりごま……各小さじ1

① 玉ねぎは繊維を断ち切るように薄切りにし、冷水にさらす。

② トマトは乱切りにし、Ⓐであえる。器に盛り、水けをきった玉ねぎをのせる。

春菊のナムル

ほろ苦い春菊は生で味わいたい！

材料（2人分）

春菊……50g

ベビーリーフミックス……50g

Ⓐ
- にんにくのすりおろし……小さじ1/4
- あらびき唐辛子……小さじ1/2
- ごま油、白すりごま、しょうゆ……各小さじ1
- 塩……少々

1. 春菊は葉を摘む。
2. ボウルにⒶを入れてよく混ぜ、食べる直前に春菊、ベビーリーフを加えてあえる。

きゅうりのナムル

練りごまを使ってコクたっぷりに！

材料（2人分）

きゅうり……2本

塩……小さじ1/4

Ⓐ
- にんにくのすりおろし、しょうゆ……各少々
- 白練りごま……大さじ1
- ごま油……小さじ1/2
- 塩……少々

1. きゅうりは薄切りにして塩を振り、10分ほどおいてしんなりさせる。
2. きゅうりを軽くもんで水けを絞り、Ⓐであえる。

じゃがいもとにんにくの芽の煮物

ほこほこっとしたじゃがいもと、
くたくたになったにんにくの芽。
ピリ辛味に、思わずごはんをおかわりっ！

材料（2人分）

ベビーポテト……10個
にんにくの芽……50ｇ

Ⓐ
- にんにくのすりおろし……小さじ1/4
- しょうゆ、砂糖、酒……各大さじ2
- あらびき唐辛子、ごま油……各小さじ1
- 水……2カップ

白いりごま……小さじ1

① ベビーポテトは皮つきのままよく洗う。

② 鍋にベビーポテト、Ⓐを入れて強火にかけ、煮立ったら中火にして15分ほど煮詰める。

③ にんにくの芽は3㎝長さに切り、②に加えて煮汁がはじめの1/3ぐらいになるまで煮る。仕上げに白いりごまを振って全体を混ぜる。

ごぼうとこんぶの煮物

しょうゆ、コチュジャンをベースに
こっくりと煮上げました。
酢効果で、しつこくないあと味！

材料（2人分）

ごぼう……1本
こんぶ……（10㎝角）1枚

Ⓐ
- 水……$1\frac{1}{2}$カップ
- コチュジャン……大さじ1
- しょうゆ、酢、みりん……各大さじ$1\frac{1}{2}$

① こんぶは1.5㎝角に切る。ごぼうは皮をこそげて4㎝長さに切り、酢水（分量外）に5分ほどさらす。

② 鍋にこんぶを敷き、水けをきったごぼうを並べ、Ⓐを注いで中火にかける。煮汁が$\frac{1}{3}$量くらいになるまで20分ほど煮詰める。

ペチュキムチ

食べっきりの白菜キムチ

食べる分だけ、その日に漬ける。
しかも、特別な材料を使わずに作れるキムチ。
手作りならではの浅漬け感覚を味わって！

材料（2人分）

白菜……250g
せり……20g
万能ねぎ……10g
塩……小さじ1/3

Ⓐ
- りんごのすりおろし……大さじ1
- にんにくのすりおろし、塩……各小さじ1/3
- しょうがのすりおろし、砂糖……小さじ1/2
- ナンプラー、ごま油……各小さじ1
- あらびき唐辛子……大さじ1 1/2

1. 白菜はざく切りにする。せり、万能ねぎは3cm長さに切る。

2. ①をポリ袋に入れ、塩を加えて15分ほどおいてしんなりさせる。袋の上から軽くもんで水けを絞り、水分を捨てる。

3. Ⓐを加え、袋の上から軽くもんで全体をあえる。すぐに食べられるが、冷蔵庫に1時間ほどおいて味をなじませてもおいしい。
※冷蔵庫で3～4日ほど保存できる。

材料note

ナンプラー
いわしを塩漬けにして発酵させた上ずみ液で作る、タイの調味料。独特のうまみと塩けがある。キムチは本来、あみの塩辛などで作るが、今回は手に入りやすいナンプラーで代用。

簡単
オイキムチ

カリカリきゅうりの歯ごたえがおいしいキムチ。
大根、にんじんは詰めず、いっしょに混ぜて簡単に。

材料（2人分）

きゅうり……2本
塩……小さじ¼
大根……100ｇ
にんじん……¼本

Ⓐ
- りんごのすりおろし……大さじ1
- にんにくのすりおろし、塩……各小さじ⅓
- しょうがのすりおろし、砂糖……各小さじ½
- ナンプラー、ごま油……各小さじ1
- あらびき唐辛子……大さじ1½

①きゅうりは大きめの乱切りにする。ポリ袋に入れ、塩を加えて10分ほどおいてしんなりさせ、袋の上から軽くもんで水けを絞り、水分を捨てる。

②大根、にんじんはスライサーでせん切りにし、Ⓐを加えて混ぜ合わせる。

③ ①に②を加え、袋の上からもんで全体をあえる。すぐに食べられるが、冷蔵庫に1時間ほどおいて味をなじませてもおいしい。
※冷蔵庫で3～4日ほど保存できる。

サラダ感覚の水キムチ《ムルキムチ》

漬け汁も楽しむ水キムチ。
発酵させるかわりに
酢やレモンをプラスして、さっぱりした口あたりに。

材料（2人分）

大根……200g
にんじん……$\frac{1}{4}$本
セロリ……$\frac{1}{2}$本
レモンの薄切り……2枚
にんにくの薄切り……$\frac{1}{2}$かけ分
Ⓐ ┌ 塩……小さじ1$\frac{1}{2}$
　 │ 水……1カップ
　 └ 酢……$\frac{1}{4}$カップ
糸唐辛子……適宜

① 大根、にんじんはいちょう切り、セロリは筋をとって小口切りにし、ポリ袋に入れる。

② レモンは皮を除いて小さく切り、にんにくとともに①に加える。

③ 小鍋にⒶを入れて煮立て、あら熱がとれたら②に注ぐ。すぐに食べられるが、冷蔵庫に1時間ほどおいて味をなじませてもおいしい。器に盛り、糸唐辛子を飾る。
※冷蔵庫で3～4日ほど保存できる。

すべての
おいしさが詰まった
鍋料理

PART 4

韓国では、冬に限らず夏でも鍋を食べるとか！
いろいろなおいしさが一度に味わえて、
体の中からジワ～ッと熱くなって、血液の循環もよくなる。
そんな鍋が、健康にいいことが大好きな韓国の人たちに
ウケるのもわかる気がします。
そのおいしさと元気、分けてもらいましょ！

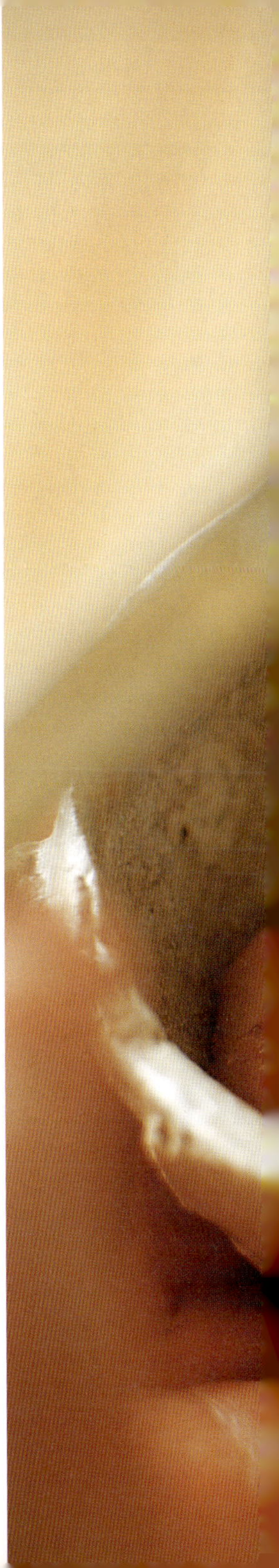

①はまぐりは塩水（分量外）につけて砂出しをする。わたりがには水洗いして汚れを落とし、食べられないガニ（呼吸器）の部分を除き、食べやすく切る。たらはひと口大に切る。春菊は葉を摘む。しめじは小房に分ける。にんにくは包丁の刃元でつぶす。

②鍋に水4カップ、にんにく、はまぐりを入れて中火にかける。

③はまぐりの口が開いてきたら、わたりがに、たらを加え、Ⓐで調味する。

④春菊、しめじを加え、再び煮立ったら火を止める。

Point

はまぐりを先に煮てうまみを引き出し、口が開いたところに、わたりがに、たらを加える。

材料（2～3人分）

はまぐり……小6個
わたりがに……1ぱい
たら……2切れ
春菊……50g
しめじ……小1パック
にんにく……½かけ
Ⓐ
- あらびき唐辛子……小さじ1
- コチュジャン……大さじ2
- 塩……小さじ½

海鮮チゲ

わたりがに、はまぐり、たら……
魚介をふんだんに使って、
いい味が出たスープも残さずどうぞ!

材料（2〜3人分）

スペアリブ……6本
じゃがいも……小6個
青じそ……3枚
長ねぎ……$\frac{1}{4}$本
白すりごま……大さじ1
ビーフスープの素（粉末）……小さじ2

Ⓐ
- コチュジャン……大さじ2
- あらびき唐辛子、しょうゆ……各大さじ1
- ごま油……小さじ1
- にんにくのすりおろし……小さじ$\frac{1}{3}$

1 スペアリブは熱湯でさっとゆで、表面が白くなったら水にとり、汚れをとり除く。じゃがいもは皮をむく。

2 青じそは食べやすく切り、長ねぎは斜め薄切りにし、白すりごまであえる。

3 鍋にスペアリブ、水4カップ、ビーフスープの素を入れて中火にかけ、15分ほど煮る。

4 Ⓐをよく混ぜ合わせて③に溶き入れ、じゃがいもを加えて15分ほど煮る。じゃがいもがやわらかくなったら②をのせ、混ぜて食べる。

Point

じゃがいもは、ほこほこゴロゴロがおいしさの秘密。煮くずれないよう、スペアリブを15分ほど煮てから時間差で加えるのがコツ。

Finish

もうひとつのお楽しみ！

残った汁にごはんを加え、弱火にかけながら混ぜて、ごはんに汁を吸わせる。溶きほぐした卵1個を回し入れ、韓国のり1枚をちぎって加え、よく炒めると、おじや風チャーハンのでき上がり。これには絶対、韓国のり！

カムジャタン

ゴロゴロしたじゃがいもとスペアリブを豪快にいただく、人気の鍋。
散らした青じそで、あと味さわやか！

韓国風しゃぶしゃぶ

牛スープで肉をしゃぶしゃぶして、
コチュジャンベースのたれをつける。
韓国にしゃぶしゃぶがあったら、きっとこんな感じ!?

肉、野菜をそれぞれお好みの加減にしゃ〜ぶしゃぶ!

材料(2〜3人分)

牛もも薄切り肉(しゃぶしゃぶ用)……150g
わかめ(塩蔵)……20g
レタス……4〜5枚
大根……1/8本(125g)
ビーフスープの素(粉末)……大さじ1
Ⓐ
- コチュジャン……大さじ2
- 酢……大さじ1
- しょうゆ、砂糖、白いりごま……各小さじ1

Ⓑごま油、塩、こしょう……各適宜

1 わかめは水につけて塩を落とし、かたい部分があれば除き、8〜10cm長さに切る。レタスはちぎる。大根はピーラーなどで薄くリボン状にむく。

2 Ⓐ、Ⓑはそれぞれ混ぜ合わせる。

3 鍋に水6カップ、ビーフスープの素を入れて煮立て、①、牛肉をくぐらせる。②のたれをつけて食べる。

Finish

もうひとつのお楽しみ!

スープにゆでうどんを入れ、好みでⒶまたはⒷのたれ少々を溶いて食べる。だしが効いたスープにスルスルッのうどんで、う〜ん、温まる!

お好みのたれをかけて、いっただきます！たれはスープでのばしても。

しなシャキッのレタス、ツルッのわかめ。ピーラーで薄くむいた大根はシャキシャキ。さっと火が通る野菜なら何でもOK！

辛くてコクのあるコチュジャンだれ（右）、ごま油ベースの塩・こしょうだれ（左）。

① 魚のあらは熱湯でさっとゆで、冷水にとって汚れを落とす。

② 大根は1cm厚さの短冊切りにする。長ねぎは4cm長さに切ってから縦に4等分する。せりは食べやすい長さに切る。にんにくは包丁の刃元でつぶす。

③ 鍋にⒶ、にんにく、大根を入れ、中火で5分ほど煮る。

④ 長ねぎ、魚のあらを加えて4～5分煮て、せりを加えてひと煮する。

魚のあらと大根の鍋《メウンタン》

魚のあらならではのだしが命!
汚れを落としてからエキスを抽出するのがポイント。
うまみがしみ込んだ野菜もおいしい。

材料(2～3人分)

魚のあら(鮭、たらなど)……500g
大根……300g
長ねぎ……$\frac{1}{3}$本
せり……50g
にんにく……$\frac{1}{2}$かけ
Ⓐ
- だし(あれば煮干しだし)……4カップ
- コチュジャン、あらびき唐辛子……各大さじ1
- 塩……小さじ1

Point

魚のあらは熱湯に入れて表面の色が変わるまでゆでる。冷水にとってていねいに洗い、汚れや脂肪、血のかたまりをとる。だしが数段おいしくなる。

① スパム、ソーセージ、さつま揚げは食べやすい大きさに切る。トックは水でさっと洗う。豆もやしはひげ根をとる。にらは3cm長さ、玉ねぎは薄切りにする。

② 鍋にⒶを入れて煮立て、①をきれいに並べ入れ、中央にラーメンを割り入れて煮る。全体を混ぜて食べる。

部隊チゲ《プデチゲ》

魚肉ソーセージ、スパム、ラーメン……
若者が好きなものを詰め込んだ、大人気のカラ辛鍋。
食べはじめたら止まりません！

材料（2～3人分）

スパム……150g
魚肉ソーセージ……1本
さつま揚げ……2枚
トック……8枚
豆もやし……½袋
にら……20g
玉ねぎ……¼個
インスタントラーメン……1袋

Ⓐ
- 水……3カップ
- ビーフスープの素（粉末）……小さじ2
- コチュジャン……大さじ1½
- あらびき唐辛子……大さじ1
- しょうゆ……大さじ½
- ごま油……小さじ1

※スパム……豚肉を加工した缶詰。塩けが強く、ハムよりボリュームがある。ハワイ料理や沖縄料理に使われる。

Point

魚肉ソーセージやスパムが米軍から入ってきたのが、この鍋の始まり。インスタントラーメン、韓国のもち“トック”も忘れず入れて。

①あさりは塩水（分量外）につけて砂出しをし、殻をこすり合わせて洗う。鍋に水3カップとともに入れて中火にかける。

②あさりの口が開いたらⒶで調味し、おぼろ豆腐を加えて温める。火を止めて韓国のりをちぎって散らし、卵を割り入れて余熱で火を通す。

おぼろ豆腐のチゲ《スンドゥブチゲ》

体がカーッと熱くなる辛さのヘルシー鍋。
あさりから出るだしが決め手。
そのまま楽しんでも、卵でマイルドにしても！

材料（2～3人分）

おぼろ豆腐……1パック（300g）
あさり（殻つき）……150g
Ⓐ
- コチュジャン……大さじ1½
- あらびき唐辛子……大さじ½
- にんにくのすりおろし……小さじ¼
- 塩……小さじ⅓
- しょうゆ……小さじ1

韓国のり……大½枚
卵……1個

卵を加えると辛さがマイルドに。火を止めてから加え、余熱で火を通して半熟状になったら、よ～く混ぜて食べる！

①煮干しは頭とワタをとる。鍋に水4カップとともに入れて中火にかけ、煮立ったら5分ほど煮てだしをとり、Ⓐで調味する。

②えのきは石づきを除き、長さを半分に切る。わけぎは3cm長さに切る。

③①に②、納豆を加え、さっと煮る。

納豆のチゲ

納豆のねば～っが気になる人も心配ご無用！
とにかく温まる、ホットなホットな鍋。
スープ感覚でいただきましょう。

材料（2～3人分）
納豆（あれば中粒）……120g
煮干し……20g
えのきだけ……小1袋
わけぎ……2本
Ⓐ
- にんにくのすりおろし……小さじ¼
- みそ……大さじ3
- コチュジャン……大さじ1
- あらびき唐辛子……小さじ1

ごはんもお酒も進む

いつものおかず

PART 5

韓国のおかずというと、何か特別なものと思いがち。
でも実際は、日本と同じような素材を使ったものだったり、
同じような調理法だったり。
ただ、味つけがちょっと違うだけのこと。
日本も韓国もお米が主食の国どうし。
私たちの毎日のおかずに合わないわけがありません。
もちろん、お酒にも!

鶏肉とじゃがいもの甘辛煮《タットリタン》

骨つき肉のおいしさが
ホクホクのじゃがいもにしみ込んで、
なんともいえないおいしさ!

材料（2人分）

鶏ぶつ切り肉……400g
じゃがいも……3個
玉ねぎ……$\frac{1}{2}$個
ごま油……大さじ$\frac{1}{2}$
Ⓐ コチュジャン……大さじ2
Ⓐ 酒……$\frac{1}{4}$カップ
Ⓐ しょうゆ、みりん……各大さじ$1\frac{1}{2}$
白いりごま……小さじ1

1. 鶏肉はさっと水洗いし、水けをきる。
2. じゃがいもは4等分に切る。玉ねぎは1cm幅のくし形に切る。
3. フライパンにごま油を熱し、鶏肉を軽く炒め、玉ねぎ、じゃがいもを加えて水4カップを注ぎ、Ⓐを加える。
4. じゃがいもがやわらかくなり、煮汁が$\frac{1}{3}$量くらいになるまで、ときどき混ぜながら中火で20〜25分煮て、仕上げに白いりごまを振る。

Point
鶏の骨つき肉を炒めてうまみを出し、玉ねぎ、じゃがいもを加えて煮る。

かき&ズッキーニのジョン

小麦粉と卵液をからめて焼く、韓国風ピカタ「ジョン」。
おいしさが口の中に広がるかきとズッキーニ。あつあつを召し上がれ！

材料(2人分)

かき(むき身)……6個
ズッキーニ……½本
ナンプラー……小さじ½(または塩小さじ⅓)
小麦粉、溶き卵……各適宜
ごま油……大さじ1
糸唐辛子(あれば)……少々
白いりごま……少々

1. かきはざるに入れて塩小さじ1(分量外)を振り、水の中で振り洗いして水けをきる。
2. ズッキーニは1㎝厚さに切り、ナンプラーを振る。
3. ①、②に小麦粉を薄くまぶし、溶き卵にくぐらせ、ごま油を熱したフライパンに並べて中火で1～2分焼く。
4. 上面が乾く前に糸唐辛子、白いりごまをのせ、上下を返し、火をやや弱めて1～2分焼く。好みで薬味ソース(P27参照)をかけて食べる。

Point
かきは水けが出るので、衣をつけたらすぐに焼く。フライパンにごま油を熱しておき、小麦粉、溶き卵をつけながら並べ入れる。

1 たこは乱切りにする。玉ねぎは薄切り、にんじんは拍子木切りにする。にらは4cm長さに切る。赤・青唐辛子は斜め薄切りにする。

2 フライパンにごま油を熱し、玉ねぎ、にんじんをしんなりするまで中火で炒め、Ⓐで調味する。

3 たこ、にら、赤・青唐辛子を加え、手早く炒め合わせる。

4 そうめんは熱湯でゆでて水けをきり、器に盛った③に添え、混ぜながら食べる。

たこの炒め物《ナクチポックン》

たこのコリコリの食感と、刺激的な辛さが絶妙。
ゆでたそうめんと混ぜると、辛みがちょっとだけ緩和します。

材料（2人分）

たこの足……200g
玉ねぎ……小1/2個
にんじん……1/6本
にら……30g
赤・青唐辛子（生・あれば）……各1本
ごま油……大さじ1
Ⓐ
- にんにくのすりおろし……小さじ1/4
- コチュジャン……大さじ1
- しょうゆ、あらびき唐辛子……各小さじ1
- 砂糖……小さじ1/2

そうめん…適宜

ダイエット効果も期待したい赤唐辛子

唐辛子の辛みの正体はカプサイシン。このカプサイシンには、消化を助け、脂肪の分解を早める効果が。食欲増進にもお役立ち！

豚キムチ

キムチおかずの決定版。キムチの味を生かし、味つけはしょうゆでシンプルに! 豆腐といっしょに食べるのが韓国風。

材料(2人分)

豚バラ肉……150g
塩、こしょう……各少々
白菜キムチ(あれば古漬け)……120g
長ねぎ……$\frac{1}{3}$本
ごま油……小さじ1
しょうゆ……小さじ1
木綿豆腐……$\frac{1}{2}$丁

1. 豚肉は5～6㎝長さに切り、塩、こしょうをもみ込んで下味をつける。長ねぎは斜め薄切りにする。豆腐は縦半分に切ってから1㎝幅に切る。キムチは食べやすく切る。
2. フライパンにごま油を熱し、豚肉を中火で炒める。
3. 豚肉が色づいたら、出てきた油分を、大さじ1ほど残してペーパータオルでふきとる。長ねぎ、キムチを加えてさっと炒め合わせ、しょうゆで調味する。
4. 器に盛り、豆腐を添える。

じゃがいものジョン

すりおろしたじゃがいものお焼き。
じゃがいものもちもち感と
白菜キムチのシャキシャキ感を楽しんで！

材料（4個分）
じゃがいも……1個（120g）
小麦粉……大さじ4
白菜キムチ……80g
ごま油……大さじ½

Point
もちもち感は、すりおろしたじゃがいものおかげ。小麦粉を混ぜれば生地が完成。

1. ボウルにじゃがいもをすりおろし、小麦粉を加えて混ぜ合わせる。
2. キムチはあらく刻み、①に加えて混ぜる。
3. フライパンにごま油を熱し、②を大きめのひと口大に落とし入れ、中火で1〜2分焼く。焼き目がついたら上下を返し、さらに1〜2分焼く。

たらのコチュジャン煮

韓国風煮魚は、コチュジャン入りのピリ辛味。
ごはんがモリモリ進みます!
さば、太刀魚で同じように作っても。

材料(2人分)

たら……2切れ
小松菜……50ｇ
酒……¼カップ
Ⓐ にんにくのすりおろし……小さじ¼
Ⓐ コチュジャン、みそ……各大さじ1
Ⓐ 粉唐辛子……大さじ½

1. 小松菜は5〜6㎝長さに切る。
2. 鍋に水1カップ、酒を入れて煮立て、たらを並べ入れる。
3. 再び煮立ったらⒶを溶き入れて10分ほど煮て、小松菜を端に加え、しんなりしたら火を止める。

Point

煮汁が煮立ったところにたらを加えると、仕上がりが生臭くならない。水にプラスした酒も臭み消しに効果的!

まぐろのコチュジャンあえ

お刺し身の韓国バージョン!

① まぐろ、長いもは1.5㎝角、せりは3㎝長さに切る。

② ①をボウルに入れ、Ⓐを加えてあえる。

③ 器に盛り、うずらの卵を割ってのせる。

材料(2人分)

まぐろ(刺し身用)……50g
長いも……50g
せり……15g
Ⓐ
- コチュジャン……大さじ1
- 酢……大さじ1/2
- しょうゆ……小さじ1

うずらの卵……2個

いかのフェ

韓国にもあるわさびを刺し身にからめて

材料(2人分)

いか(刺し身用に切ってあるもの)……50g
長ねぎ……3㎝
青じそ……3枚
Ⓐ
- ごま油……小さじ1/2
- 練りわさび……小さじ1/3
- 塩……小さじ1/6

① 長ねぎは斜め薄切り、青じそは1.5㎝角に切り、ともに冷水にさらす。

② ボウルにいか、水けをよくきった①を入れ、Ⓐを加えてあえる。

糸みつばのあえ物

かまぼこでボリュームアップ!

材料（2人分）

糸みつば……20g

かまぼこ……50g

Ⓐ
- コチュジャン……大さじ½
- 酢……小さじ1
- ごま油、黒いりごま……各小さじ⅓
- しょうゆ……小さじ½

① 糸みつばは4cm長さに切る。かまぼこは薄切りにする。

② ボウルにⒶを入れて混ぜ、①を加えてあえる。

材料（2人分）

煮干し（小・またはじゃこの大きいもの）……15g

ししとう……50g

ごま油……大さじ½

Ⓐ
- にんにくのすりおろし……小さじ¼
- 酒……大さじ2
- しょうゆ、砂糖、みりん……各小さじ1

白いりごま……小さじ½

① ししとうはへたをとる。

② フライパンにごま油を熱し、煮干しを中火で軽く炒め、ししとうを加えてさらに炒める。Ⓐで調味し、汁けがなくなるまで煮て、白いりごまを散らす。

ししとうと煮干しの煮物

つきだしにぴったりの甘辛味

キムチギョーザ

ツルンの中身は、キムチのサクッ＆豆腐のフワッ！

材料（12個分）

豚ひき肉……50g
ごま油……小さじ½
塩、こしょう……各少々
木綿豆腐……大¼丁（100g）
にら……10g
白菜キムチ……40g
ギョーザの皮……12枚
薬味ソース（P27参照）……適宜

① フライパンにごま油を熱し、ひき肉を軽く炒め、ほぐれたら塩、こしょうで調味し、そのまま冷ます。

② 豆腐はペーパータオルで包んで水けを絞る。にら、キムチはあらみじんに切る。

③ ボウルに①、②を入れて混ぜ、12等分してギョーザの皮にのせる。皮の縁に水をつけ、2つ折りにして閉じ、両端をクルッと丸めて合わせ、水で止める。

④ 鍋に湯を沸かして③を入れ、浮き上がってくるまで2～3分ゆでる。器に盛り、薬味ソースをかけて食べる。

おでん

辛子ではなく、唐辛子味でどうぞ！

材料（2人分）

白こんにゃく……（薄切り）2枚
さつま揚げ……2枚
ウインナー巻きなどの練り物……2個
Ⓐ
- 水……1½カップ
- ビーフスープの素（粉末）……小さじ1
- しょうゆ、みりん……各大さじ½

薬味ソース（P27参照）……適宜

① こんにゃくは2×6cmの薄切りにし、下ゆでする。さつま揚げは4等分に切り、それぞれ竹串に刺す。練り物も竹串に刺す。

② 鍋にⒶを入れて煮立て、①を加えて10分ほど煮て、そのまま冷まして味をしみ込ませる。

③ 再び温めて器に盛り、薬味ソースをつけて食べる。

やっこの薬味がけ

薬味ソースをかけるだけ!

材料（2人分）

絹ごし豆腐……大½丁（200ｇ）
そばの芽（または貝割れ菜）……少々
薬味ソース（P27参照）……大さじ1

① 豆腐は食べやすく切り、器に盛る。

② そばの芽は長さを半分に切って①にのせ、薬味ソースをかける。

鶏肉のから揚げ《マヌルチキン》 にんにく風味

にんにくの風味が食欲をそそる

材料（2人分）

鶏もも肉……1枚（200ｇ）
Ⓐ
- 塩……小さじ⅓
- こしょう……少々
- 小麦粉……大さじ1½

にんにく……大1かけ
揚げ油……適量
Ⓑ
- ごま油……小さじ1
- 塩……小さじ⅓
- あらびき黒こしょう……少々

① 鶏肉は4等分に切り、Ⓐをもみ込んで下味をつける。

② 揚げ油を170度に熱し、鶏肉は5〜6分、にんにくは皮つきのまま4〜5分揚げる。

③ にんにくは熱いうちにつぶしてⒷを混ぜ合わせ、鶏肉の表面に塗る。

一品で満足できる
ヘルシーな
ごはんと麺

PART 6

「これひとつあれば、おかずは何もいらない!」
韓国料理には、こんなふうに思える
ひと皿で大満足できるごはん料理や麺料理がいっぱい!
コチュジャンベースのパンチのあるものから
体にじんわりしみ込むものまで、
とにかくバリエーションが豊かです!

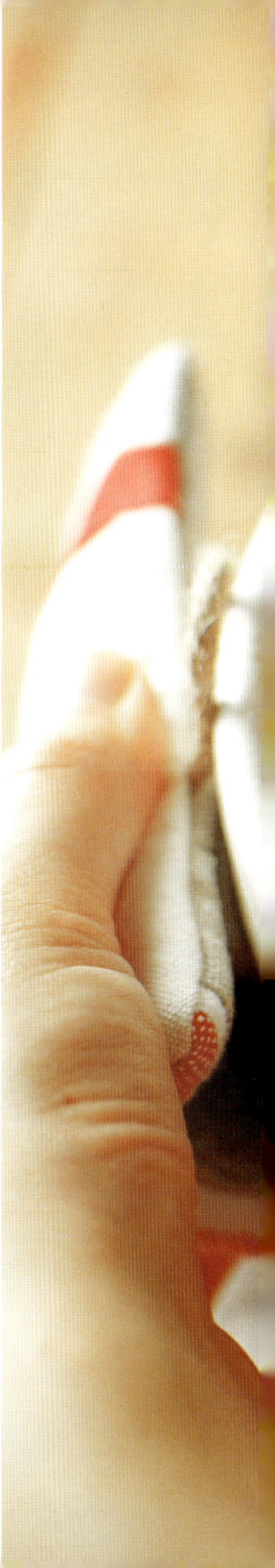

定番ビビンバ同様、よ～くよ～く混ぜると、いろいろな味が一体になっておいしい。

① 鯛は薄いそぎ切りにする。スプラウトは根元を切り落とす。ミニトマトはへたをとり、横半分に切る。サニーレタスはちぎる。

② 器にごはんを盛ってごま油を回しかけ、①を彩りよくのせる。混ぜ合わせたⒶをかけ、マヨネーズもかけてよく混ぜて食べる。

材料（2人分）

鯛（刺し身用のさく）……50g
スプラウト（または貝割れ菜）……少々
ミニトマト……8個
サニーレタス……2枚
ごはん……どんぶり2杯分
ごま油……小さじ2
Ⓐ
- コチュジャン……大さじ1
- 酢……大さじ½
- しょうゆ……小さじ1

マヨネーズ……適宜

サラダビビンバ

生野菜、刺し身をごはんにのせて
思いきりビビン（混ぜる）！
刺し身がちょこっと残ったときにも。

1 たくあん、きゅうりは細切りにする。

2 まないたに韓国のりをのせ、向こう端を少し残してごはんを薄く広げ、白いりごまを散らす。①、かに風味かまぼこをのせ、手前から巻く。

3 器に盛り、カクテキを添える。

Point

小さいサイズの韓国のりにごはんを広げ、たくあん、きゅうり、かに風味かまぼこをのせ、ごはんがのせてあるほうを持ち上げてクルクル巻く。

材料(2人分)

韓国のり(小さく切ってあるもの)……8枚
ごはん……茶碗1杯分
たくあん……20g
きゅうり……$\frac{1}{3}$本
かに風味かまぼこ……1本
白いりごま……小さじ1
カクテキ……適量

韓国風《キムパプ》のり巻き

韓国にあるのり巻きは、太巻きだったり、
す巻きだったり。下ごしらえいらずの
具を巻いたら、おやつにぴったりの味に！

五穀米

韓国では雑穀米もかなりポピュラー。
体にいいクコの実や栗を加えたら、
これだけでごちそうに!

Point

米、もち米、五穀米ミックスに水と塩を加えて混ぜ、栗、クコの実をのせて炊く。

① 米、もち米は合わせて洗い、ざるに上げておく。五穀米ミックスはさっと洗う。

② 炊飯器に①、水300mℓ、塩を入れて軽く混ぜ、皮をむいた栗、クコの実をのせて普通に炊く。炊き上がったら、よく混ぜて器に盛る。
※鍋で炊く場合は水300mℓを加え、P91のポイントと同様に炊く。

材料(2人分)
米……1合(180mℓ)
もち米……1合(180mℓ)
五穀米ミックス(市販)……大さじ2
塩……小さじ$\frac{1}{3}$
栗……6個
クコの実……大さじ1

健康志向の人に大人気の五穀米

食物繊維が豊富で整腸作用があるといわれ、滋養強壮にも効果的なビタミンB_1も豊富。高い栄養価で日本での人気も不動に!

豆もやしの炊き込みごはん

豆もやしとひき肉をごはんといっしょに炊き、
薬味ソースをかけて食べる、韓国の炊き込みごはん。
これがあれば、おかずは何もいらない！

Point
※鍋で炊く場合は水360mℓを加え、やや強火にかけ、煮立ったら弱火にして11分ほど加熱し、最後に30秒ほど強火にして火を止める。10分蒸らしてから混ぜる。

①豆もやしはひげ根をとる。米は洗ってざるに上げておく。

②フライパンにごま油を熱し、ひき肉を中火で炒め、ほぐれたらⒶで調味する。

③炊飯器に米、Ⓑを入れ、水を2合の目盛りどおり注いで混ぜ、②、豆もやしをのせ、普通に炊く。炊き上がったらよく混ぜて器に盛り、薬味ソースをかけて食べる。

材料（2人分）
豆もやし……1袋（200ｇ）
米……2合（360mℓ）
牛ひき肉……100ｇ
ごま油……小さじ1
Ⓐ［にんにくのすりおろし……小さじ1/3
　しょうゆ……小さじ1
Ⓑ［酒……大さじ2
　塩……小さじ1/3
薬味ソース（P27参照）……適宜

キムチ焼きそば

いつもの焼きそばにキムチをプラス!
味に深みが出て、味も決まりやすいのがうれしい。
定番に昇格する日も遠くないはず。

材料(2人分)
白菜キムチ……100g
もやし……100g
キャベツ……2枚
にら……20g
豚こま切れ肉……100g
ごま油……小さじ1
塩、こしょう……各少々
蒸し麺(焼きそば用)……2玉
Ⓐしょうゆ、ウスターソース……各小さじ1

1 もやしはできればひげ根をとる。キャベツはざく切り、にらは3cm長さに切る。キムチは食べやすく切る。

2 フライパンにごま油を熱し、豚肉を中火で炒め、ほぐれて色が変わったら、塩、こしょうで調味する。

3 キムチ、もやし、キャベツを加えて軽く炒め、麺をほぐしながら加えて炒め合わせる。水大さじ3を加え、ふたをして蒸し焼きにする。

4 Ⓐを加えて全体にからめ、にらを加えてひと混ぜする。

キムチチャーハン

ほどよくピリリとするキムチ味が
やみつきになる炒めごはん。
ベレー帽風にのっけた目玉焼きをくずして、どうぞ。

材料（2人分）
白菜キムチ……100g
万能ねぎ……30g
牛ひき肉……100g
ごま油……大さじ½
ごはん（温かいもの）……茶碗2杯分（多め）
塩、こしょう……各少々
卵……2個
サラダ油…少々

1 キムチはざく切りにする。万能ねぎは小口切りにする。

2 フライパンにごま油を熱し、ひき肉を中火で炒め、ほぐれたらキムチを加えて炒め合わせる。

3 ごはんを加え、塩、こしょうで調味し、全体に混ぜるように炒め合わせる。

4 万能ねぎを加えてひと混ぜし、火を止めて器に盛る。

5 フライパンにサラダ油を熱し、卵を1個ずつ割り入れて目玉焼きを作り、④にのせる。

黒ごまのおかゆ

薬食同源の国、韓国は“おかゆ天国”。
黒ごまと米をミキサーで砕いて作る黒ごまおかゆを、
黒練りごまを使って手軽に再現。これで美肌に!

Point
黒練りごまにおかゆを少し加えて溶き混ぜ、鍋に戻し入れる。

① 米は洗ってざるに上げ、15分ほどおく。鍋に水3カップとともに入れ、焦げつかないように混ぜながら弱火で15～20分煮る。

② 黒練りごまを溶き入れて器に盛り、松の実を飾る。好みで塩、砂糖を加えて食べる。

材料（2人分）
米……½カップ
黒練りごま……大さじ3
松の実……小さじ1

美容と健康に
欠かせない松の実

脂肪の80%が不飽和脂肪酸という松の実。疲労回復に欠かせないビタミンB_1、若返りのビタミンといわれるビタミンE、食物繊維も豊富。毎日でも食べたい!

えびとズッキーニのおかゆ

体調に合わせて食べる、韓国のおかゆ。
カロテンが豊富なズッキーニ入りのおかゆは
体にとてもよさそう。

材料（2人分）
むきえび……100g
ズッキーニ……¼本
米……½カップ
しょうがのみじん切り……小さじ½
ごま油……小さじ⅓
Ⓐ［水……3カップ
　 鶏ガラスープの素……小さじ½
塩……小さじ⅓
卵黄……2個分
白すりごま……適宜
韓国のり……適宜

① 米は洗ってざるに上げ、15分ほどおく。ズッキーニはいちょう切りにする。

② 鍋にごま油を熱し、えび、しょうがを中火で炒める。えびが赤くなったらⒶを注いで1～2分煮て、えびをとり出す。

③ ②のスープに米を加え、ときどき混ぜながら弱火で15分ほど煮る。ズッキーニとえびを加え、塩で調味し、1分ほど煮て火を止める。

④ 器に盛り、中央に卵黄をのせ、白すりごま、韓国のりをちぎって散らす。卵をくずして混ぜながら食べる。

豆乳麺《コンククス》

豆乳入りの汁に麺を加えた冷たい麺。
もともとは、食欲がない夏場の食べ物だとか。
ひと口ごとに体に効きそう。

Point

ビーフスープの素を水で溶いたものを煮立て、冷めてから豆乳を混ぜるだけの簡単スープ。

1. 鍋にⒶを煮立てて火を止め、あら熱がとれたら冷蔵庫で冷やす。
2. きゅうりは細切りにする。
3. ①に豆乳を加えて混ぜ合わせる。
4. 冷麺は袋の表示どおりにゆで、冷水にとってぬめりをとる。水けをよくきり、③に加える。器に盛り、きゅうり、さくらんぼをのせ、白いりごまを振る。

材料（2人分）

冷麺用の麺……2玉
豆乳……$1\frac{1}{2}$カップ
Ⓐ
- 水……1カップ
- 塩……小さじ1
- ビーフスープの素（粉末）……小さじ2

きゅうり……$\frac{1}{2}$本
さくらんぼ……2個
白いりごま……少々

話題のイソフラボンが豊富な豆乳

豆乳には、良質なたんぱく質、血液がサラサラになるレシチン、さらには、女性ホルモンに似た働きをするイソフラボンなども含まれる。

ビビン麺

コチュジャンベースのたれを全体にからめた激辛麺。
かなりクセになる味です。

材料(2人分)
冷麺用の麺……2玉
大根……1/10本(90g)
きゅうり……1本
塩……適宜
Ⓐ
- コチュジャン……大さじ4
- 酢……大さじ3
- ごま油……大さじ1/2
- しょうゆ……小さじ2
- 砂糖……大さじ1
- 塩……少々

糸唐辛子(あれば)……少々

① 大根は薄い短冊切り、きゅうりは斜め薄切りにする。それぞれ塩少々を振って混ぜ、しんなりしたら水けを絞る。

② ボウルにⒶを入れてよく混ぜ合わせる。

③ 冷麺は袋の表示どおりにゆで、冷水にとってぬめりをとる。水けをよくきって②に加え、全体にあえる。

④ 器に盛って①をのせ、糸唐辛子を飾る。

やっぱり知りたい

お茶とおやつ

PART 7

韓国のお茶は、日本のお茶とはまったく違って
フルーツや穀類を使った甘～いものが多いのです。
嗜好品というワクを超えて、
薬用としての役目もあるのだとか。
身近なところに漢方薬があるようなもの。
あんやもちを使ったおやつといっしょにどうぞ。

柚子茶《ユザチャ》

ジャム状のものを湯に溶かして飲む、
韓国で最もポピュラーなお茶です。
体が温まって風邪予防にも!

材料（作りやすい分量）
ゆず……2個
砂糖……種をとったゆずの重量の$\frac{1}{2}$量
※ゆずはできれば、農薬のかかっていないものを。

① ゆずは横半分に切り、汁を絞って、へたと種を除く。絞り汁とゆずの重量を計り、その½量の砂糖を用意しておく。

② 鍋に湯を沸かし、①のゆずを入れ、ゆでこぼして汚れをとる。

③ ゆずが冷めたら、ワタつきのままこまかく刻む。

④ 鍋に①の絞り汁、③、砂糖を入れて強火にかける。煮立ったら中火にし、ときどき底から混ぜながら、5分ほど煮てとろみをつける。

Arrange

柚子茶のお楽しみ！

お茶として！

柚子茶として飲むときは、右記の柚子茶大さじ2に熱湯150㎖が目安。よく溶き混ぜて飲む。

ヨーグルトにかけて！

パンに塗って！

水正果《スジョンガ》

シナモンとしょうがの香り、そしてほんのり甘い
水正果は、韓国の代表的な伝統茶のひとつ。
干し柿を丸ごと入れたゴージャス版にしてご紹介。

材料（4人分）
干し柿……小4個
しょうが……30g
シナモンスティック……2本
黒砂糖（粉）……大さじ4〜5
松の実（あれば）……小さじ1

Point
鍋に水、シナモン、しょうがを入れ、弱火でコトコト煮ながら風味を引き出す。

1. しょうがは皮つきのまま薄切りにする。シナモンスティックは2つに折る。
2. 鍋に①、水5カップを入れて中火にかけ、煮立ったら弱火にして15〜20分煮出す。
3. ②のしょうが、シナモンスティックをとり除き、黒砂糖を加えて好みの甘さにし、干し柿を加えてひと煮する。火を止めてそのまま冷まし、あら熱がとれたら冷蔵庫に入れて冷やす。飲むときに松の実を散らす。

甘みやビタミンAが生より豊富な干し柿

昔から医者いらずといわれる柿。独特の渋みには、血圧を下げる効果もあるといわれる。干すことによってさらに甘みを増した干し柿は、同時に、抗酸化作用があるカロテン、食物繊維も倍増する。

もち菓子《ソンピョン》

ごまあんをもちもちのおもちで包み込み、蒸し上げたお菓子。昔はお盆のときに作るお菓子だったそう。

Point

黒すりごまにはちみつ、ごま油を加えて溶きのばし、ごまあんを作る。

Point

生地の真ん中にごまあんをのせ、包む。

① ボウルに上新粉、塩を入れ、熱湯½カップを少しずつ加えながら箸でよく混ぜる。あら熱がとれたら、なめらかになるまで手でこねる。

② ①を3等分し、そのうちの2つに水少々で溶いた食紅をそれぞれ混ぜ、色をつける。乾きやすいのでラップに包んでおき、それぞれ4等分して丸め、12個のボール形にする。

③ 別のボウルにⒶを入れて混ぜ、12等分して丸め、②にのせて包む。

④ 蒸し器の中底にごま油（分量外）を薄く塗って③を並べ、少し透き通ってつやが出るまで中火で15～20分蒸す。
※すぐに食べないときは冷水にとり、くっつかないようにごま油（分量外）を薄く塗っておく。

材料（12個分）

上新粉……¾カップ
塩……ひとつまみ
食紅（赤・緑）……各適宜
Ⓐ 黒すりごま……大さじ4
Ⓐ はちみつ……大さじ1
Ⓐ ごま油……小さじ½

老化防止の強い味方!?のごま

ごまの脂肪酸はコレステロールを減らす働きがある、不飽和脂肪酸。カルシウム、鉄分などのミネラルも豊富で、若さを保ってくれる効果もあるとか。

おしるこ

韓国のおしるこは、シナモン風味のしつこくない甘さ。
いっしょにゆでたもちや栗をトッピングして。

Point

こしあん、水、砂糖を混ぜて温めたら、水溶きかたくり粉を少しずつ加え、とろみをつける。

1. もちは半分に切る。栗は皮をむく。クコの実はぬるま湯につけてもどす。
2. 鍋にⒶを入れてよく混ぜ、中火で温める。煮立ったら、Ⓑを加えてとろみをつける。
3. 別の鍋に湯を沸かし、もち、栗を入れ、やわらかくなるまで4～5分ゆでる。同じ湯でぎんなんもさっとゆで、ざるに上げる。
4. 器に②を盛り、③、クコの実を飾り、シナモンパウダーを振る。

材料（2人分）

Ⓐ
- こしあん……100g
- 水……1½カップ
- 黒砂糖（粉）……大さじ2

Ⓑ
- かたくり粉……大さじ½
- 水……大さじ1

もち……2個
栗……4個
ぎんなん（ゆで）……4個
クコの実……小さじ1
シナモンパウダー……少々

滋養強壮にはこれ！クコの実

ほんのり甘いクコの実は、おかゆのトッピングなど薬膳料理でおなじみ。天然アミノ酸の一種であるベタインが豊富で、疲労回復、眼精疲労にも効果がある。

韓国風今川焼き《ホトック》

ごま入りのふわふわの生地をかじると
あつあつのシナモンと黒砂糖がとろ～り。
屋台で食べる気軽なお菓子です。

Point
生地を練ったら、ラップをふんわりとかけ、暖かい場所に置いて約2倍になるまで30分ほど発酵させる。

Point
生地はねっとりしているので、ごま油を塗った手で包む。あらかじめフライパンを温めておき、あんを包んだものから順に並べていく。

1. ボウルにⒶを入れて混ぜ、泡が出てくるまで15分ほどおく。
2. 別のボウルに小麦粉、Ⓑを入れて混ぜ、①を加えてさらに混ぜ、水大さじ2を加えて手でこね、ひとまとまりにする。なめらかになったらラップをふんわりとかけ、約2倍にふくらむまで発酵させる。
3. Ⓒを混ぜ合わせてあんを作る。
4. ②を4等分し、ごま油少々（分量外）を塗った手のひらに広げ、③を1/4量ずつ包んで、ごま油を熱したフライパンに並べ入れる。弱火で2分焼き、焦げ目がついたら上下を返し、さらに2～3分焼く。

材料（4個分）

- Ⓐ
  - ドライイースト……小さじ1/2
  - 砂糖……小さじ1
  - ぬるま湯……1/4カップ
- 小麦粉……100g
- Ⓑ
  - ごま油、白いりごま……各小さじ1
  - 砂糖……大さじ1
- ごま油……大さじ1
- Ⓒ
  - 黒砂糖（粉）……大さじ2
  - シナモンパウダー……少々

デラックスかき氷《パッピンス》

かき氷にアイス、フルーツ、あんこ、きなこをトッピング。
全体をガーッと混ぜて食べるのが韓国流。これがなかなかいける!

材料(2人分)
かき氷……適量
あんこ、きなこ、バニラアイス、キウイやいちごなどのフルーツ、缶詰のフルーツなど……各適宜

① 器にかき氷を山形に盛る。

② フルーツ、あんこ、きなこを飾り、アイスクリーム、さくらんぼをのせる。

韓国のお茶いろいろ

なつめ茶《テチュチャ》

鉄分、カルシウムが豊富で、食欲不振、ストレス解消ほかいろいろな効果があるといわれているなつめのお茶。とろりと甘い。

五味子茶《オミジャチャ》

甘い、酸っぱい、苦い、辛い、しょっぱいの5つの味をもつ五味子の実のお茶。せきをはじめ、滋養強壮にも効果があるとか。

梅茶《メシルチャ》

日本でも疲労回復に役立つとされてきた梅。韓国でも疲労回復、食欲不振のときに飲まれるとか。ほどよい酸味で飲みやすい。

緑茶《ノクチャ》

日本の緑茶とほとんど変わらないが、少し薄めの印象。イライラを鎮める効果がある、といわれている。リラックスしたいときに飲んでみて。

柚子茶、水正果以外にも、韓国のお茶はまだまだあります。湯で溶いたり、煮出したり……。手軽に楽しめて、手に入りやすい市販のお茶をご紹介。どれも体にいいものばかり。薬食同源の思想がここにも!

水正果《スジョンガ》

スジョンガ(P102参照)の缶ジュース版。しょうが、シナモンのさわやかな香りで飲みやすい。頭痛、のどの痛み、下痢などに効果的とか。

シッケ

もち米を炊いて麦芽を加えて発酵させた、甘～いドリンク。韓国では食後に飲まれているとか。消化促進効果もあるといわれている。

花梨茶《モガチャ》

風邪をひいたとき特にのどに効くといわれている花梨を薄切りにし、砂糖、はちみつに漬け込んだもの。お湯で溶いて飲む。

コーン茶《オクススチャ》

とうもろこしの香ばしい風味が特徴のお茶。温かいのはもちろん、麦茶のように冷たくしてもおいしい。利尿作用があるとか。

韓国ならではの食材&お酒

韓国料理になくてはならない食材、よく登場する食材をご紹介します。これらを使いこなせれば、韓国料理ツウへの道も遠くない!? お酒の情報も併せてレクチャー。

コチュジャン

唐辛子にもち米、水あめなどを加えて発酵させた唐辛子みそ。辛さの中に甘みや酸味が加わり、奥深い味に。鍋、ごはん、煮物、あえ物など幅広く使われる。

生唐辛子

日本のものに比べて辛みが弱く、かすかな甘みがある。辛み成分のカプサイシンにはダイエット効果があると大人気。炒め物やスープに。青唐辛子のほうが辛さが強烈。

韓国のり

岩のりを薄くすいて乾かし、ごま油を塗って塩を振ったもの。そのままおつまみにしたり、のり巻き、鍋に入れたり。日数がたつとベタベタしてくるので、早めに食べきりたい。

ごま油

韓国のものは煎ったごまを絞って作るため、日本のものより濃厚で香りが強い。唐辛子といっしょに使うとカプサイシンがごま油に溶け込み、体脂肪を燃やすなど、効果的に働く。あらゆる韓国料理に使われる。

あらびき唐辛子
中びき唐辛子

韓国産の生の唐辛子を乾燥させて粉状にひいたもの。辛みの中にも甘みがある。料理の種類や好みによって使い分けて。一味唐辛子で代用する場合は、量を控えめに。

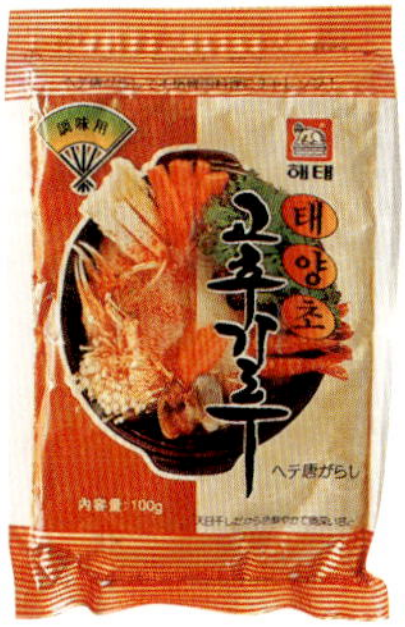

ビール

韓国のビールといえば、OBビール。日本のビールよりライトな味わいで、炭酸が淡く、飲みやすい。なんと、ウイスキーをビールで割って飲むこともあるとか!

焼酎

韓国で最もポピュラーなお酒。日本のように水やジュースで割ることはあまりなく、キンキンに冷やしてストレートで飲むことが多い。これは青竹を使ってろ過したもの。

冷麺

シコシコとした独特の歯ごたえが特徴。主な原料はそば粉で、つなぎは緑豆やとうもろこしなど。白い麺と黒い麺があるが、黒いものは、そば殻を除かずにひいたもの。

干しだら

韓国の大衆魚、すけそうだらを天日干しにしたもの。古くから韓国の保存食として食べられている。ほぐしてあえ物にしたり、煮つけやスープに使うと、だしが出ておいしい。

トック

韓国のもち。うるち米で作られているので、粘りがあまりなく、煮くずれが少ない。鍋やスープ、お雑煮に。細長くしてぶつ切りにしたものもあり、コチュジャンで炒めて食べる。

百歳酒

飲むと百歳まで長生きできるといわれているお酒。もち米にクコの実、高麗にんじんなど10種類の薬草がブレンドされている。百歳酒を焼酎で割って飲む“五十歳酒”という飲み方も。

人蔘酒

高麗にんじんのエキスが入ったお酒。血液の循環をよくするといわれ、二日酔いもないとか。韓国には、薬酒といわれる健康にいいお酒がいくつもある。

マッコリ

庶民の酒として親しまれている韓国の伝統的な酒。やや酸味があり、すっきりした飲み口。もうひとつの民俗酒・ドンドン酒は、マッコリの上ずみ液で作ったお酒。

重信初江

しげのぶ はつえ

料理研究家。夏梅美智子氏のアシスタントを経て独立。現在、雑誌や広告を中心に活躍中。「手軽においしい料理を作る」がモットー。趣味は旅行。旅先でひとりブラブラするのが楽しみ。本書は、何度も訪れた韓国の味を作りやすく食べやすい味にアレンジしたレシピをまとめたもの。

料理製作／重信初江
アートディレクション／矢代明美
本文デザイン／矢代明美
スタイリスト／坂上嘉代
撮影／山田洋二（主婦の友社写真室）
校正／荒川照実
編集／飯村いずみ
編集デスク／円谷柚美子（主婦の友社）

いま・すぐ・食べたい！

韓国ごはん

編　者／主婦の友社
発行者／神田高志
発行所／株式会社 主婦の友社
〒101-8911 東京都千代田区神田駿河台2-9
電話 03-5280-7537（編集）
03-5280-7551（販売）
印刷所／図書印刷株式会社

もし、落丁、乱丁、その他不良の品がありましたら、おとりかえいたします。
お買い求めの書店か、主婦の友社資材刊行課（電話03-5280-7590）へお申し出ください。

ISBN978-4-07-245530-2

く-073108